Conoce a mi mascota

El gato

Samantha Nugent
y Jared Siemens

AV2 SPANISH
www.openlightbox.com

AV2 SPANISH

Paso 1
Ingresa a **www.openlightbox.com**

Paso 2
Ingresa este código único
AVR63696

Paso 3
¡Explora tu eBook interactivo!

AV2 es compatible para su uso en cualquier dispositivo.

Tu eBook interactivo trae...

Leer

Audio
Escucha todo el lobro leído en voz alta

Videos
Mira videoclips informativos

Enlaces web
Obtén más información para investigar

¡Prueba esto!
Realiza actividades y experimentos prácticos

Palabras clave
Estudia el vocabulario y realiza una actividad para combinar las palabras

Cuestionarios
Pon a prueba tus conocimientos

Presentación de imágenes
Mira las imágenes y los subtítulos

Comparte
Comparte títulos dentro de tu Sistema de Gestión de Aprendizaje (LMS) o Sistema de Circulación de Bibliotecas

Citas
Crea referencias bibliográficas siguiendo los estilos de APA, CMOS y MLA

Este título está incluido en nuestra suscripción digital de Lightbox

Suscripción en español de K–5 por 1 año
ISBN 978-1-5105-5935-6

Accede a cientos de títulos de AV2 con nuestra suscripción digital.
Regístrate para una prueba GRATUITA en **www.openlightbox.com/trial**

Se garantiza que los componentes digitales de este libro estarán activos por 5 años.

Conoce a mi mascota

El gato

CONTENIDOS

4 Adoptando un gato
6 El pelo del gato
8 Cepillando a mi gato
10 Patas fuertes
12 Gatos juguetones
14 Arañando cosas
16 La comida del gato
18 A dormir
20 Mi gato mascota
22 Datos sobre los gatos

Quiero tener un gato
de mascota.

Debo aprender a cuidarlo.

Hay muchos tipos de gatos para elegir como mascota.

Los gatos pueden tener pelo corto o largo.

LONGITUD DEL PELO

Pelo largo
Gato Bosque de Noruega

Pelo medio
Gato LaPerm

Pelo corto
Gato siamés

Sin pelo
Gato esfinge

Quiero un gato de pelo largo.

Tendré que cepillarlo
a menudo.

Los gatos tienen patas traseras fuertes.

Mi gato podrá saltar muy alto.

CUANTO SALTAN LAS MASCOTAS

Las ranas
pueden saltar hasta
50 VECES
la altura de
su cuerpo.

Los gatos
pueden saltar hasta
6 VECES
la altura de
su cuerpo.

Los conejos
pueden saltar hasta
5 VECES
la altura de
su cuerpo.

Los perros
pueden saltar hasta
3 VECES
la altura de
su cuerpo.

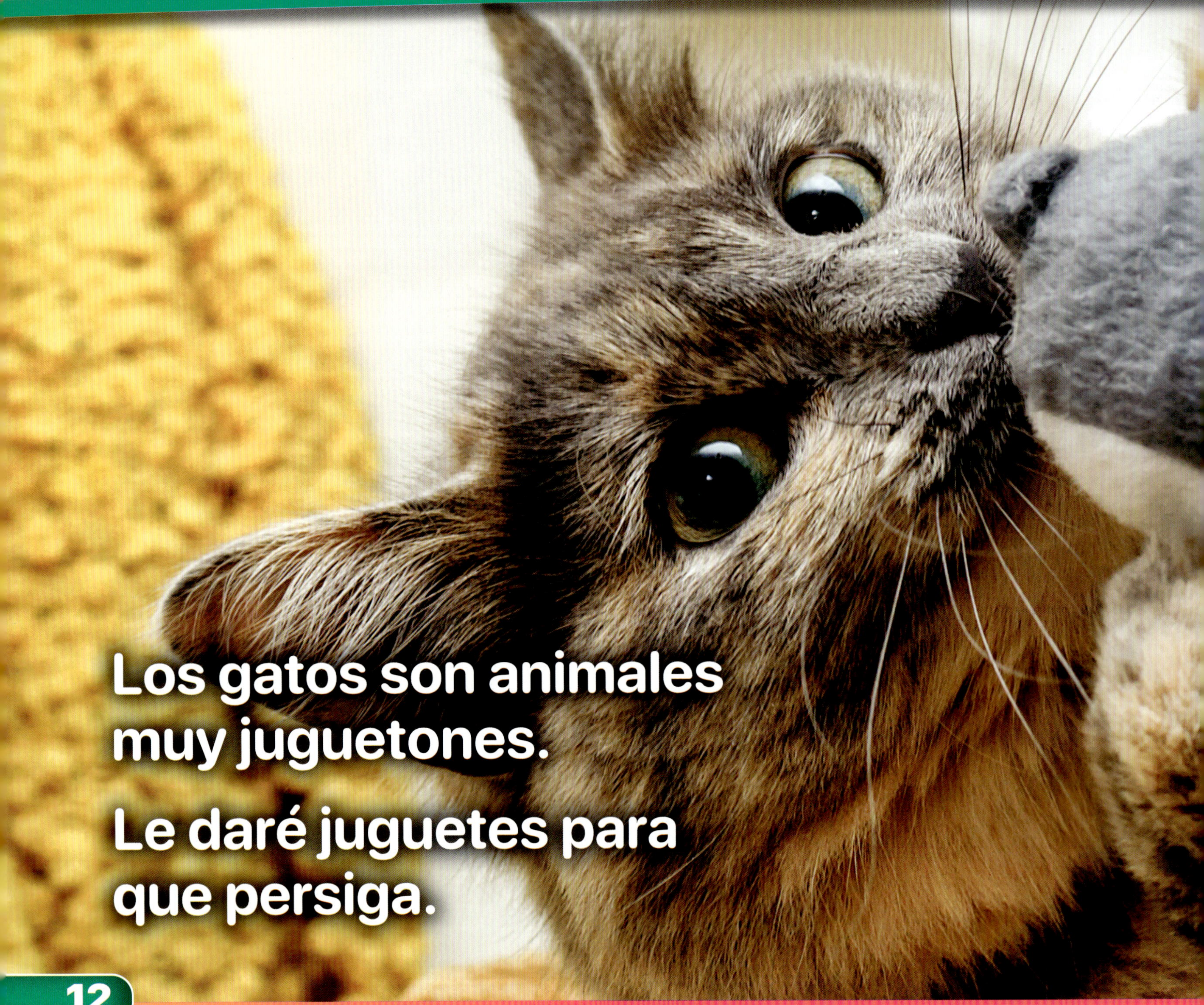

Los gatos son animales muy juguetones.

Le daré juguetes para que persiga.

Mi gato necesitará algo para arañar.

Los gatos necesitan arañar cosas para mantener sus uñas sanas.

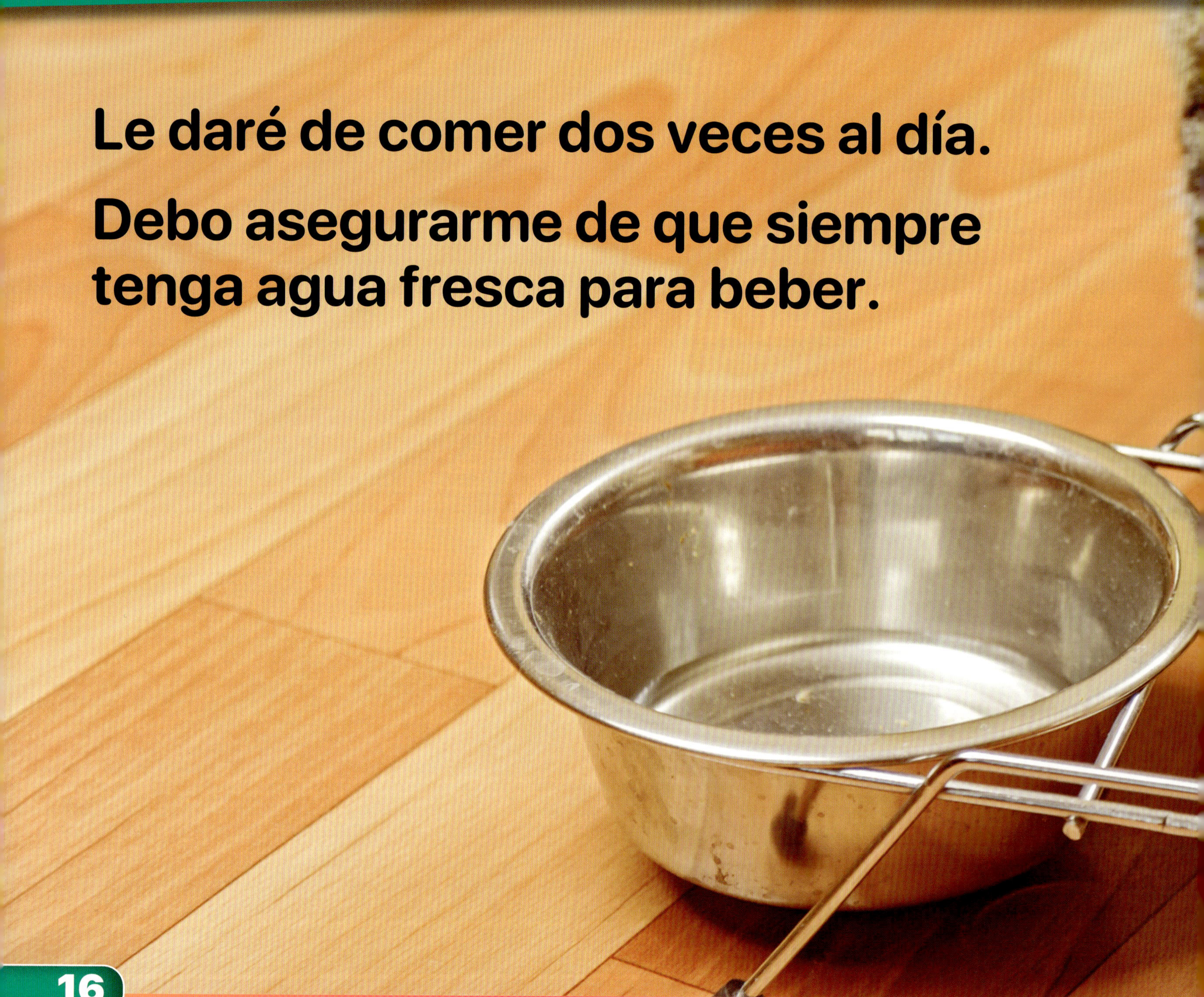

Le daré de comer dos veces al día.

Debo asegurarme de que siempre tenga agua fresca para beber.

Mi gato necesitará un lugar cálido para dormir.

CRECIENDO

Gatito recién nacido

Hasta 5 onzas (140 gramos)
No puede abrir los ojos.
Toma leche de su mamá.

Gatito de 2 meses

Hasta 2 libras (900 g)
Empieza a comer alimentos sólidos.
Empieza a descubrir el mundo.

Gato de 6 meses

Hasta 7 libras (3,2 kilogramos)
Está lleno de energía.
Le gusta jugar.

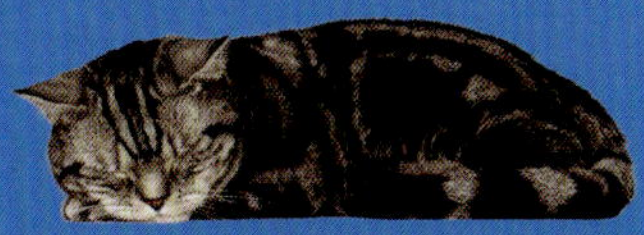

Gato adulto

Más de 12 libras (5,4 kg)
Ya no crece más.
Duerme cerca de 15 horas por día.

Estoy listo para llevar a mi gato a casa.

Lo cuidaré mucho.

¡PIÉNSALO!

¿Qué otras cosas puedes hacer para que tu gato esté contento y sano?

DATOS SOBRE LOS GATOS

Estas páginas ofrecen información detallada sobre los interesantes datos de este libro. Están dirigidas a los adultos, como soporte, para que ayuden a los jóvenes lectores a redondear sus conocimientos sobre cada sorprendente animal presentado en la serie *Conoce a mi mascota*.

Páginas 4–5

Quiero tener un gato de mascota. La gente ha tenido gatos de mascota desde hace casi 4 000 años. Los primeros en domesticarlos fueron los egipcios. Los gatos silvestres ayudaban a proteger las cosechas de los egipcios de los ratones, que se comían sus granos. Los egipcios comenzaron a alimentar a los gatos más dóciles y a tratarlos como mascotas. Hoy, casi 46,5 millones de hogares estadounidenses tienen al menos un gato.

Páginas 6–7

Hay muchos tipos de gatos para elegir como mascota. Existen 75 razas diferentes de gatos domésticos. Todas las razas pertenecen a una misma especie, *Felis catus*. Los gatos son animales naturalmente hábiles, ágiles e inteligentes. La mayoría de los gatos tienen una cola que les permite tener un equilibrio excepcional. El gato manx tiene una cola corta o no tiene cola. La mayoría de los gatos tienen pelaje. Todas las razas de gatos tienen un agudo sentido del olfato, vista y oído. El olfato del gato está 14 veces más desarrollado que el de los humanos.

Páginas 8–9

Quiero un gato de pelo largo. La lengua del gato tiene pequeñas espinas a las que se adhiere el polvo de su pelaje cuando se acicala. Los gatos deben cepillarse con regularidad para mantener su pelo limpio y reducir su caída. A los gatos de pelo largo se los debe cepillar con más frecuencia que a los de pelo corto. Si no se los cepilla a menudo, se les pueden formar marañas en el pelaje o bolas de pelo. Las bolas de pelo se forman cuando el gato traga mucho pelo al acicalarse. Esto puede ser muy peligroso para su salud.

Páginas 10–11

Los gatos tienen patas traseras fuertes. Los gatos pueden correr a una velocidad de hasta 30 millas (48 kilómetros) por hora en distancias cortas. Las crías ya pueden correr a las cinco semanas de vida. Aproximadamente a esta misma edad, el gato comienza a desarrollar su habilidad natural de caer parado. Gracias a esta habilidad, casi el 90 por ciento de los gatos sobreviven a las caídas desde pisos altos.

Páginas 12–13

Los gatos son animales muy juguetones. Los gatos son cazadores por naturaleza y les gusta jugar a que atrapan a sus presas. Sus dueños pueden estimular su instinto cazador moviendo juguetes o cuerdas en forma rápida y repentina. Los juguetes que contienen hierba gatera también son muy estimulantes para la mayoría de los gatos. Jugar con los gatos solo 20 minutos por día es una buena forma que tienen los dueños de establecer un vínculo con su mascota.

Páginas 14–15

Mi gato necesitará algo para arañar. Los gatos arañan para mantener sus uñas, marcar territorio y estirar sus músculos. Si se les coloca un palo rascador de al menos 3 pies (0,9 metros) de largo, se evitarán daños en los muebles. Las uñas de los gatos son protráctiles, lo que significa que pueden extenderlas cuando lo necesitan. Los dueños deben llevar a su gato al veterinario con regularidad para que le recorte las uñas.

Páginas 16–17

Le daré de comer dos veces al día. Los gatos deben alimentarse con una dieta balanceada húmeda y seca una o dos veces al día. Los gatos son mayormente carnívoros, es decir, comen carne. El alimento seco ayuda a fortalecer y limpiar sus dientes. El tamaño típico de la porción de comida para un gato equivale a unos cinco ratones. El plato de agua del gato siempre debe mantenerse limpio y lleno. Nunca se les debe dar chocolate, uvas ni snacks salados.

Páginas 18–19

Mi gato necesitará un lugar cálido para dormir. En promedio, los gatos duermen unas 15 horas por día, pero algunos pueden dormir hasta 20 horas. A veces duermen profundamente o toman siestas livianas. La mayoría de las veces, toman una siesta y duermen profundamente solo unas pocas horas al día. Los gatos son más activos entre el atardecer y el amanecer. Los dueños deben armarle su propia cama cubierta por una manta o toalla.

Páginas 20–21

Estoy listo para llevar a mi gato a casa. Los expertos recomiendan mantener a los gatos dentro de la casa. Los gatos que salen de la casa están expuestos a peligros, como el que representan las garrapatas, los autos y otros animales. Más allá de que viva dentro o fuera de la casa, deben tener una caja de arena para que haga sus necesidades. Los dueños deben vaciar esta caja varias veces a la semana. También se recomienda hacerles un control veterinario una vez al año. El veterinario puede ayudar a detectar cualquier cambio que haya en la salud del gato.

Published by Lightbox Learning Inc.
276 5th Avenue, Suite 704 #917
New York, NY 10001
Website: www.openlightbox.com

Library of Congress Control Number: 2024933003

ISBN 979-8-8745-1277-4 (hardcover)
ISBN 979-8-8745-1278-1 (static multi-user eBook)
ISBN 979-8-8745-1280-4 (interactive multi-user eBook)

072024
101723

Printed in Guangzhou, China
1 2 3 4 5 6 7 8 9 0 28 27 26 25 24

Art Director: Terry Paulhus
Layout: Ana María Vidal
Project Coordinator: Sara Cucini
English/Spanish Translation: Translation Services USA

Every reasonable effort has been made to trace ownership and to obtain permission to reprint copyright material. The publisher would be pleased to have any errors or omissions brought to its attention so that they may be corrected in subsequent printings.

The publisher acknowledges Getty Images, Alamy, and Shutterstock as the primary image suppliers for this title.